NOUVEAU THEATRE ITALIEN.

L'ISLE DES TALENS,

COMEDIE.

Par M. FAGAN.

Représentée pour la premiere fois par les Comédiens Italiens ordinaires du Roi, le Mardi 19. Mars 1743.

A PARIS,
Chez BRIASSON, Libraire, rue saint Jacques, à la Science.

M. DCC. XLIII.
Avec Approbation & Privilege du Roi.

AVERTISSEMENT.

LA Scene des trois Méropes qui fut représentée le premier jour, à la suite de cette Piéce, n'est pas de M. Fagan, c'est pourquoi on ne la trouvera pas ici. Cette Scene avoit été ajoûtée par un autre Auteur, qui a quelquefois donné au Public des parodies & des critiques qui lui ont été agréables.

ACTEURS.

LA FE'E Urgandina,

FARACARDIN, Génie,

DAMON,

LEONORE,

VALERE,

AGATHE,

FLORINE,

PASQUIN,

ARLEQUIN,

Peuples de l'Isle, & Suivans de la Fée.

La Scene est dans une Isle.

L'ISLE DES TALENS.

SCENE PREMIERE.

Le Théâtre représente la mer dans l'enfoncement, & un Vaisseau démâté; l'Orchestre joue une tempeste.

LE GENIE.

E vois des mortels indiscrets
S'avancer le long du rivage,
Echappez du naufrage,
Cet azile leur semble un séjour plein d'attraits.
Ils ignorent de cet Empire,
Quelle est la rigoureuse loi.
Bien-tôt à leurs transports va succeder l'effroi.
Ils s'approchent, je dois, au plûtôt, en instruire
La redoutable Fée, à qui, dans ces climats,

Tout obéit, courons, & volons sur ses pas.
Il sort.

SCENE II.

LEONORE, VALERE, FLORINE, AGATHE, DAMON, ARLEQUIN, PASQUIN : *ils restent au fond du Théatre, excepté Arlequin qui s'avance un peu plus.*

ARLEQUIN.

JE viens d'avoir une peur bien terrible ;
Mais, nous voila sauvés.

LEONORE.

Dans ce séjour paisible ;
Tous nos malheurs sont effacés,
Lorsque les dangers sont passez,
Un tranquile bonheur en devient plus sensible.
Témoignons nos soins empressés,
Et qu'aux Dieux protecteurs, nos vœux soient adressés,
Cherchons un Temple....

ARLEQUIN.

.... Allez, si vous êtes pressez ;
Allez, allez toûjours, car pour moi, je demeure.

SCENE III.

ARLEQUIN *seul.*

RESpirons, (*il contrefait les vagues & les vents*) psi, psou, psi, les vagues & les vents,
Un abîme entr'ouvert, les rochers menaçans,
Le vaisseau balotté ! quel diable de quart-d'heure !
Nous avons fort bien fait de relâcher ici.
Asseyons-nous, goûtons cet aimable zéphire.
Le bon air ! le beau tems ! ce bois charmant inspire
L'amour.... & l'appetit ; l'appetit oui... voici
Un petit restaurant dans notre pacotille,
Je l'avois mis à part, mangeons, c'est où je brille.
Fort bon, ma foi ; fort bon, [*le Théatre s'obscurcit.*] qu'ai-je donc sur les yeux ?
Plaît-il ? où sommes nous ? quelle frayeur mortelle ?
La nuit vient, je me meurs, & tout mon sang se géle !
Il tonne. Ç'en est fait... *il tombe.*

SCENE IV.

LA FE'E, ARLEQUIN.

LA FE'E.

REconnois mortel audacieux,
Celle qui regne en ces contrées,

La Fée Urgandina Reine des autres Fées ;
C'est moi, qui les forçant d'exercer leurs talens,
Leur fais produire, au jour, cent chef-d'œuvres brillans.

ARLEQUIN.

Gour.... gan.... ourgandina.....

LA FE'E.

.... Tu railles, ce me semble?

ARLEQUIN.

Non, on ne raille pas, Madame, quand on tremble.

LA FE'E.

Tes compagnons sont arrêtés,
Ils doivent m'être présentés,
Nous verrons ce qu'ils sçavent faire.
Lorsque dans ces lieux écartés,
Un imprudent mortel porte un pied téméraire;
Aux rigueurs de nos loix rien ne le peut soustraire,
S'il ne se distingue en quelqu'art,
Ou ne posséde, par hazard,
Quelque don singulier au-dessus du vulgaire.

ARLEQUIN *à part.*

Pour moi, méchante affaire!

LA FE'E.

Je ne sçai si je me méprend,
Mais quand je t'examine,
Tu m'as toute la mine

D'être un balourd, un ignorant?

ARLEQUIN.

De cela, je vous suis garand,
Et Madame, au mieux, me devine.

LA FE'E.

Tant pis pour toi.

ARLEQUIN.

.... Tant pis? ...

LA FE'E.

.... Tant pis assurément.

ARLEQUIN.

Comme mes compagnons, je vis tout bonnement.
Leonore, Valere, & Damon, & Florine,
Pasquin, Agathe & moi, tous jeunes gens dispos,
Voici notre histoire, en deux mots.
Nous avons voulu prendre une route commune,
Et nous avons vogué vers l'Isle de Paphos,
Laissant sur les côtés, l'Isle de la Fortune.
En allant, Monseigneur Neptune
A très-bien gouverné les flots,
Mais au retour, ce n'étoit que cahots.
Par une tempête importune,
Tourmentés fort mal à propos;
Nous avons cru devoir nous échapper des eaux,
Et nous sommes venus, Madame, sur vos terres.
Mais, pour des beaux arts, des talens,
Des chef-d'œuvres, des dons brillans,
Et semblables mystéres,

Si nous en possédons, nous n'en possédons guères.

LA FE'E.

Il suffit, en ce cas, il faut, dans ce séjour,
Qu'un spectacle affreux se prépare,
Au traitement le plus barbare,
Vous serez tous livrés, avant la fin du jour.

ARLEQUIN.

Eh! que diable! ....

LA FE'E.

.... Oui, des peines infinies
Rabaisseront tant de témérité,
Devant la Reine des Génies,
On n'est point ignorant, avec impunité.

SCENE V.

LE GENIE, LA FE'E, ARLEQUIN.

LA FE'E.

HE' bien, Faracardin?

LE GENIE.

Reine sçavante & sage;
Je viens à ces mortels, d'annoncer vos décrets.
Ils ont d'abord frémi : mais un instant après,
Ils ont rappellé leur courage,
L'un sçait un peu chanter, l'autre d'un instrument
S'est offert de jouer assez passablement.

En faveur de ces deux, toute la troupe espere...

LA FE'E.

Non, chacun fait pour soi.

ARLEQUIN.

.... Hoïmé !

LE GENIE.

... Pour vous plaire
Les autres ont promis de faire leurs efforts.
Pour montrer devant vous, le talent nécessaire,
Ils vont, de leur esprit, employer les ressorts.

LA FE'E.

Mais, n'avez-vous pas dit qu'il faut que l'on excelle ;
Car, dans tous mes Etats,
Qui ne sçait acquérir une gloire immortelle,
Est semblable à celui qui rampe le plus bas.

LE GENIE.

Oui, je l'ai dit, mais....

LA FE'E.

... Ah, je le vois, leur supplice
Ne pourra jamais s'éviter ;
N'importe, il les faut écouter :
Je sçaurai leur rendre justice.
Tous ont sujet de redouter,
Que celui qui, le plus, a droit de se flatter,
Jusqu'au dernier moment frémisse.

Elle rentre.

ARLEQUIN.

Pour le coup, c'en est fait, quel malheur est le mien !

Car. . . tout ce que je sçais, c'est que je ne sçais
rien.

SCENE VI.

LE GENIE, ARLEQUIN.

ARLEQUIN.

SEigneur Faracardin, un mot, je vous en
prie.

LE GENIE.

Que voulez vous ?

ARLEQUIN.

. . . Quel est donc ce tourment ?
Qu'est-ce que cela signifie ?

LE GENIE.

Ce n'est qu'une badinerie,
Un homme, reconnu pour être sans génie,
Ici, tombe, immanquablement
Dans une caverne profonde,
Où deux Dragons incessamment
Tout autour de lui, font la ronde,
L'un des Dragons l'empêche de manger,
Et l'autre le darde sans cesse,
L'un le fait tomber de foiblesse ;
Et l'autre le fait enrager.
Il meurt de faim, on le déchire,
Indigence, & douleur l'assiégent tour-à-tour ;

Dans la caverne, enfin, enfoncé sans retour,
Au bout d'un certain tems, le pauvre diable expire.

ARLEQUIN.

Si l'on n'y mange pas, je n'y vivrai qu'un jour.
Deux dragons... *d'un ton pleureur*, c'est beaucoup.

LE GENIE.

... Comme vos camarades
Cherchez, imaginez quelque chose de goût.

ARLEQUIN.

Eux? ce qu'ils vous ont dit, ce n'est que gasconnades,
Car ils ne sçavent rien du tout.

LE GENIE.

On le verra.

ARLEQUIN.

Chercher!.. que dans l'instant j'abîme,
Si ce ne sont soins superflus,
Car je suis ignorant, mais ignorantissime.

LE GENIE.

Venez donc, & n'en parlons plus.

ARLEQUIN.

Je verrai, mais j'en désespere,
Ah! comme un sot, me voilà pris!
pleurant. O! mon pere! & ma mere;
Pourquoi ne m'avoir rien appris!

SCENE VII.

VALERE, LEONORE, LA FE'E, & sa suite, ARLEQUIN, LE GENIE.

Une fanfare annonce que l'épreuve des talens va commencer.

Marche des sujets de la Fée.

LA FE'E.

VOici mes Sujets assemblés,
Qu'un tel aspect vous intimide,
Etrangers malheureux, tremblez
Que contre vous, on ne décide.
à Valere. Vous, qui vous piquez de chanter,
Voici l'instant de vous en acquitter.

Elle s'éloigne un peu.

VALERE *chante.*

Amour, sois-moi favorable,
Toi seul fais naitre les talens,
Amour, sois-moi favorable,
Eleve, attendri mes accens.
Ton feu divin, m'est sécourable,
Au fond de mon cœur je te sens.
Amour, sois-moi favorable,
Toi seul fais naitre les talens,
Amour, sois-moi favorable,

Eleve, attendri mes accens.

Que l'on adore
Deux beaux yeux,
Par-tout on eſt victorieux,
Et ce ſentiment fait éclore
Mille dons précieux ;
Que l'on adore
Deux beaux yeux,
La voix s'anime & ſe ranime encore ;
Il ſuffit pour former des ſons mélodieux,
Que l'on adore
Deux beaux yeux.
Amour, ſois-moi favorable,
Toi ſeul fais naître les talens,
Amour, ſois-moi favorable,
Eleve, attendri mes accens.

LA FE'E *à Valere.*

Vous apprendrez ſi vous avez ſçu plaire.

SCENE VIII.

LA FE'E, LEONORE.

LA FE'E *à Leonore.*

C'Eſt à vous à nous ſatisfaire,
Faites briller votre talent.

LEONORE.

Moi, je ſçais, tout au plus, (je le dis avec honte)

Réciter quelque petit conte,
D'un style naïf & galant. *La Fée s'éloigne un peu.*

CONTE.

Nanette étoit une Bergere
D'une humeur tout-à-fait sévére,
Colin étoit simple, innocent,
Mais amoureux... amoureux comme cent ;
Colin n'osoit envisager la belle,
Il pâlissoit,
Il rougissoit,
Il baissoit la prunelle
Aussi-tót qu'elle paroissoit.
Nanette, un jour, dormoit sous un feuillage ;
Voilà Colin au comble du plaisir !
De celle qui fait son désir,
Il peut tout à loisir,
Contempler le charmant visage,
Les belles mains, le beau corsage.
Près d'elle, il vient donc pas à pas,
Il admire long-tems, la beauté qu'il adore,
Tout va bien jusqués-là, Nanette dort encore.
En admirant de si parfaits appas,
Le Spectateur Colin, sent une envie extréme,
De soupirer, grand embarras !
Il voudroit, mais il n'ose pas :
Et voici comme il raisonne en lui-méme.
Un soupir me soulagera,

Mais

Mais je crains bien qu'il ne m'en coûte,
Ce soupir sera fort sans doute;
Nanette se réveillera,
Et le vrai plaisir que je goûte
A la contempler se perdra,
Je suis bien, demeurons-en là.
Pressé du feu qui le dévore,
Il se détermine pourtant,
Il risque le soupir, Nanette dort encore.
Glorieux d'en avoir fait tant:
Vient à Colin une autre fantaisie.
Il dit, voyons, je m'avise d'un tour,
A Nanette parlons d'amour;
Car, quoiqu'elle soit endormie,
Je lui dirai mainte chose jolie,
Je parlerai de mon tourment,
C'est un nouveau soulagement.
Colin, tout bas, se déclare à Nanette,
Il lui dit, je vous aime, & cent fois le repéte;
Il lui semble que ces discours
Sont pour son cœur d'un grand secours.
Mais voici la fin du mystére,
Quoique Colin parlât très-bas,
Nanette se réveille, & se met en colére.
Pourquoi Colin alors, ne réussit-il pas?
Je le sçais. Murmurer tout auprès de l'oreille
De quelqu'un qui sommeille,
(De grands Philosophes l'ont dit)

B

Plus aisément cela réveille ;
Que si l'on faisoit un grand bruit.
Colin fut donc une pécore,
Il en agit comme un nigaut.
Si Colin eut parlé plus haut,
Nanette dormiroit encore.

LA FE'E.

Votre sort sera décidé,
Quand il en sera tems vous en serez instruite.

SCENE IX.

LA FE'E, ARLEQUIN, LE GENIE.

ARLEQUIN.

En vain je cherche, je médite,
En vain mon esprit est guindé,
Je ne puis rien trouver, ou le diable m'emporte,
Me voilà bien accommodé !
Faudra-t'il périr de la sorte ?

LA FE'E.

Allons, s'il ne sçait rien qu'il sorte.

LE GENI

Allons, sortez l'ami.

ARLEQUIN.

O Poveretto mi ! *il sort.*

SCENE X.

DAMON, LA FE'E, PASQUIN *qui est au fond.*

LA FE'E.

à Damon. QUe quelqu'autre s'avance,
C'est à vous à vous présenter.

DAMON.

Plein d'une juste défiance,
Je suis facile à me déconcerter,
Je demande de l'indulgence.

LA FE'E.

Soit, qu'allez-vous exécuter ?

DAMON.

C'est un morceau nouveau.

LA FE'E.

. . . Le titre ?

DAMON.

L'espérance.

Il joue une piéce qui caractérise la crainte & l'espérance.

LA FE'E.

C'est assez, vous sçaurez quel est votre destin.

PASQUIN *à part.*

Je n'en sçais gueres plus que le pauvre Arlequin.
Par bonheur : nous avons de l'imaginative,

Il faut y recourir, allons, mon tour arrive.

LA FE'E *à Pasquin.*

Et vous, que sçavez-vous ?

PASQUIN.

Je m'appelle Pasquin.

LA FE'E

Votre nom est peu nécessaire,
Il faut parler de votre sçavoir faire.

PASQUIN.

Ah ! mon sçavoir faire ? entre nous,
Sur cet article là, j'ai de quoi satisfaire.

LA FE'E.

He bien ?

PASQUIN.

Je sçai . . . toutes les langues.

LA FE'E.

. . . Vous ?

PASQUIN.

Moi, moi, rien n'est plus véritable.

LA FE'E.

Toutes les langues !

PASQUIN.

Oui.

LA FE'E.

Ce talent respectable
Ne sçauroit trop se rechercher.
Pour vous, ma joye en est extrême;
A ce sujet, je ne puis m'empêcher
De vous complimenter moi-même.

PASQUIN.

Madame. . . . .

LA FE'E.

.... Quoi, le Grec, l'Arabe,

PASQUIN.

... Oui.

LA FE'E.

... L'Indien,

Le Chinois, l'Espagnol, l'Anglois, l'Italien ?

PASQUIN

Tout cela, tout ce que l'on parle au monde.

Je ne devrois pas me louer,

Mais : je suis forcé d'avouer

Que là-dessus, ma science est profonde,

Le fait est avéré.

LA FE'E.

Des langages, aucun, de nous, n'est ignoré.

En qualité de Fées,

Les sciences les plus cachées

Nous sont développées.

Voyons, parlez-moi Grec ?

PASQUIN.

... Grec ?

LA FE'E.

... Grec.

PASQUIN.

... Eh, eh, oui dà.

Mais... pourquoi commencer par là ?

Il ne tient qu'à moi ; mais par exemple : l'A-
rabe !

Oh, cette langue là n'a pas une syllabe.

Qui n'inſpire l'amour!
Ce ſont tous mots perlés, c'eſt le plus joli tour....
Toûjours expreſſions fleuries;
Je l'aime en toutes ſes parties.

LA FE'E.

Si vous vous y ſentez porté:
He bien, l'Arabe, allons.

PASQUIN.

...Que cette langue eſt belle!
Je m'y plais, j'en ſuis enchanté.
Il eſt vrai qu'une plus nouvelle,
Sembleroit l'emporter ſur elle,
Par le vif, la légéreté,
C'eſt celle d'Italie,
Je l'aime encor, qu'elle eſt jolie!

LA FE'E.

Hé bien, parlons Italien.

PASQUIN.

Elle eſt faite pour peindre une amoureuſe flâme;
C'eſt, ſi l'on veut, un petit rien,
Mais, qu'auprès d'une femme
Cette langue réuſſit bien!

LA FE'E.

Oui, parlons....

PASQUIN.

...Cependant des gens ſçavans prétendent
Qu'elle manque de majeſté;

Ils estiment la gravité,
Et pour l'Espagnol ils se rendent.

LA FE'E.

Hé bien, l'Espagnol....

PASQUIN.

Car vous devez convenir,
Madame, que la grande affaire,
Ce n'est pas de parler, c'est là.... de définir;
Oui, de sentir, d'approfondir
D'une langue le caractere
Et le vrai goût: c'est là le beau!
Voilà ce qui distingue, & nous rend admirables.
C'est ce qu'on peut nommer des dons incomparables;
C'est, par ce grand sçavoir, qu'au delà du tombeau
Nous conservons encore, une gloire immortelle,
C'est là.... c'est là.... Madame, voudroit-elle
Désavouer ce que je dis?
Non, d'un pareil mérite, elle sçait trop le prix.
Mais, j'abuse... je vois que je vous importune.
il veut s'en aller,

LA FE'E.

Un moment, vous vous en allez?
La défaite n'est pas commune,
Sur les langues, vous me parlez;

Mais, vous ne m'en parlez aucune ;
C'eſt plaiſanter hors de ſaiſon.

PASQUIN.

Comment ! vous croyez que je n'oſe ?
à part. Elle prendra ſûrement bien la choſe ;
Car je ſuis ſûr d'avoir raiſon.
à la Fée. Je ſuis né chez un peuple, en qui la politeſſe,
L'eſprit & le ſçavoir, ont brillé de tous tems ;
Aux lieux les plus lointains, il puiſe ſa richeſſe,
Il n'y porte jamais, que ſon goût, ſes talens.
Son langage & ſon nom, ſçavent par-tout s'étendre.
Enfin, je ſuis François : vous devez me comprendre,
Je ne prétend point vous ſurprendre,
Oui, la langue dont je me ſers,
Eſt la langue de l'univers,
Qui ſçait parler François, ſe fait par-tout entendre.

LA FE'E.

Vous vous ſervez, par un tour ſéducteur,
D'un fait conſtant qu'on ne peut contredire.
Ce trait ingénieux parle en votre faveur ;
Je n'en dirai pas plus. Et Monſieur le Docteur
Sçaura, dans peu, ſi cela doit ſuffire.

PASQUIN.

Je ſuis votre humble ſerviteur,
Et plein d'eſpoir, je me retire. *il ſort.*

SCENE

SCENE XI.

LA FÉE, *sa suite*, ARLEQUIN.

ARLEQUIN.

COmment diable font-ils pour pouvoir se sauver ?
Et moi toûjours avec constance,
Vis-à-vis de mon ignorance,
Je ne pourrai donc rien trouver ?
Cependant le moment s'avance.

LA FÉE.

Que n'as-tu, du moins, de l'esprit ?

ARLEQUIN *pleurant.*

Eh, mais, je n'en ai point, Madame,
Je n'ai point d'esprit, moi, j'en enrage dans l'ame !

LA FÉE.

N'espere donc plus rien, on te l'a déja dit ;
Tu dois frémir du sort que l'on t'apprête.

ARLEQUIN.

Le compliment est tout-à-fait honnête :
Quoi, moi, qui suis un si joli garçon,
Vous me condamneriez, sans aucune façon ?
Quoi, sans avoir égard à mon air, ma figure?...
Vous ne répondez rien, ah ! quel mauvais augure ! ...
Voulez-vous, par hazard, voir de mon écriture ?

C'est un talent : [*il montre un papier gribouillé.*]
rien ne la peut toucher.
De ses pattes, comment pourrai-je m'arracher !
il sort.

SCENE XII.

LA FE'E, FLORINE, AGATHE.

FLORINE *en chantant.*

AIR. *Quoi Fanchon tu n'es donc plus pucelle ?*

QUe j'aille à l'instant
Dans la caverne,
Mais, que j'y sois avec mon amant.
Pour moi, le tourment
Le plus grand
N'est que baliverne,
Près l'objet charmant,
Que j'aime tant,
Si tendrement.
Que j'aille, &c.

LA FE'E.

Difficilement, j'imagine
Quel est ce chant, & cette humeur badine?

FLORINE.

Air, *le Cotillon couleur de Rose.*

Mon amant s'appelle Damon,

C'est lui, qui par sa symphonie,
Exprime sur un si beau ton,
La plus agréable harmonie.
Si ses succès
Sont imparfaits,
Avec lui que je sois punie;
Mais
Plein d'attraits
Je le connais,
Son talent ne manque jamais.

LA FE'E.

Quoi donc?

FLORINE.

Pour abréger des discours inutiles;
(Je le dis naturellement)
Ce que je sçais, c'est de chanter gaïement,
Et de faire dans le moment,
Des couplets, oui, des vaudevilles,
Ce qu'on appelle des Ponts-Neufs.

LA FE'E.

Vous?....

FLORINE.

...Des Juges les moins faciles,
Je croi, par mon talent, pouvoir remplir les voeux.

LA FE'E.

Mais....

FLORINE.

....Point de mais, je vous supplie,
Il est bon de vous avertir

Que j'ai vû très-long-tems nombreuse compagnie,
Qui de mes chants, daignoit se divertir.
Voudriez-vous, par avanture,
Du vrai Pont-Neuf? c'est la pure nature.
Voici dont l'entretien d'un jeune Marinier,
Et de Manon la beauté du quartier,
Il finit par une rupture.

Air, *mon pere aussi m'a mariée.*

Manon, je veux vous épouser,
Dans la ville nous en faut aller,
Là, vous aurez à qui parler;
Dans la ville, Villette,
Dans la ville, allons donc, violons, violette;
Dans la ville nous en faut aller.

Air, *la Sombre Dondaine.*

Non, ce n'est pas la peine,
La si, la son, la sombre dondaine;
Non, ce n'est pas la peine,
Chacun sçait sa raison,
Patati pataton,
Le genti, le mignon.

Air, *en revenant du Mont saint Miché.*

Un beau jour comme
j'men allois au marché,
Voyez.

Un Gentil-Homme,
De moi s'est approché,
Voyez,
Il me fit une histoire,
Que je n'osois pas croire,
Eh, voire, voire, voire,
Ah! qu'il étoit fâché!

Air, *il ma mené au bal mon cousin.*

Il m'a menée, au bal mon cousin,
Rien, n'est plus magnifique,
Quand le bal fut fini mon cousin,
Son cœur à moi s'explique,
Jean mon cousin, tire lire Jean,
Jean mon cousin, tire lire.

A présent, c'est la mere,
Qui trouve le garçon, & se met en colere.

Air, *j'ai passé repassé pardevant.*

Tu veux rire, eh, ouida!
Voyez la belle chance!
Conte-nous donc cela,
As-tu de la finance?
Tu veux faire bonbance,
Tredame! il nous faudra
Faire la révérence,
A ce biau garçon-là. *Elle fait la révérence en poissarde.*

Pagination incorrecte — date incorrecte

NF Z 43-120-12

A cela le garçon,
En deux mots lui répond.

Air, *à Dieu mon hôte & mon hôtesse.*

Adieu, donc, ma chere Madame,
Je n'emporte rien.
Votre fille n'est pas ma femme,
Je m'en trouve bien.

❀❀

à la Fée. Ce ton là vous surprend, vous trouvez la maniere
Peut-être, un peu grossiere,
Mais, le vaudeville n'est pas
Toûjours astreint à des sujets si bas;
Il sçait chanter Bacchus, les héros & les belles;
Et ses productions semblent toûjours nouvelles.

Air, *Tambourin de Rebel.*

Il sçait regner en tous lieux,
De l'heureux Vaudeville
Le sort glorieux
S'éleve aux Cieux.
Il peut même chanter les Dieux.
Il sçait regner en tous lieux,
A la Cour, à la ville
Il fait les plaisirs,
Il réveille les désirs,
Bannit les soupirs.

Pere de ris & des jeux,
Des traits, des refrains joyeux,
Momus répond à mes vœux;
Vien,
C'est toi seul qui m'inspire,
Vien,
Ton goût fait le mien.
Dans le tien
On trouve un vrai bien;
Je vis sous ton empire,
Vien, vien,
Je jure ma foi,
Je mourrois sans toi.
La vive & légere humeur
De la vie est la douceur,
Le véritable bonheur
Est d'aimer, chanter & rire;
Ah, ah, tes faveurs
Raniment tous les cœurs!

LA FE'E.

Cette gaîté, Florine, vous annonce,
En apparence, un sort heureux,
De mes sujets, vous sçaurez la réponse;
Il est encore douteux
Qu'en votre faveur on prononce.

FLORINE. *Fin de l'air en s'en allant.*

La vive & légere humeur
De la vie est la douceur,

Le véritable bonheur
Est d'aimer, chanter & rire,
Ah, ah, tes faveurs
Ranimen tous les cœurs! *elle sort.*

SCENE XIII.

LA FE'E, AGATHE, *qui affecte un air extrémement simple.*

LA FE'E *ironiquement.*

ET vous, l'aimable Bergere,
Sur quoi fondez-vous vos succès!

AGATHE.

Moi, Madame, je sçais faire
Des épigrammes.

LA FÉE.

.... Vous? avec votre air agnés.

AGATHE.

Ce sont des remarques malignes,
Que je fais en très-peu de lignes,
On ne s'en douteroit jamais,
Cependant, Madame, j'en fais.

SUR LES AUTEURS.

Bien des Auteurs, dans leurs ouvrages,
Exposent des riants portraits;
Ils peignent tous leurs personnages

Sous les plus agréables traits ;
C'est une chose remarquable
Que des gens qui sçavent si bien
Tout ce qu'il faut pour être aimable ,
Pour eux , souvent , n'en sçachent rien.

Sur l'Opera de Dom-Quichotte.

Pourquoi , vouloir estropier
Dom-Quichotte , & son Ecuyer ?
C'est témérité pure.
Au Théatre , jamais , ce fameux Chevalier
N'est bien sorti de l'avanture ,
Malgré son air maigre , hâve & menaçant ,
Il paroît , & ne fait point rire ;
Et Dom-Quichotte n'est plaisant ,
Que pour les gens qui sçavent lire.

SUR LES PETITS MAISTRES.

On a souvent d'un petit Maître ,
Voulu crayonner le portrait :
A tous les traits qu'on peut connoître ,
Je n'ajoûterai qu'un seul trait :
Fait pour vivre au milieu des Dames ,
Dans ses progrès , quelle diversité !
Il se fait adorer par trois ou quatre femmes ,
Des autres il est détesté.
à la Fée. Je ne sçais , si je puis vous plaire ?
Dame , voilà tout ce que je sçais faire.

LA FÉE.

A votre air simple & doux ,

Je l'avourai, j'esperois moins de vous;
Au surplus, tel, qui sçait médire,
Doit craindre à son tour la Satire.

Agathe sort.

SCENE XIV. & derniere.

LA FE'E, ARLEQUIN.

LA FÉE.

ENfin de tous ces étrangers;
Arlequin est le seul qui, sans rien entreprendre,
Commence par se rendre,
Et lui seul brave les dangers.

ARLEQUIN.

Je viens de rassembler mes talens, ma science:
à la Fée. J'avois grand tort d'avoir autant de défiance.
Oui, Madame, il est étonnant,
Combien je suis sçavant;
Je suis surpris de ma propre abondance,
Je sçais... regardez bien, je sçais mille lazis.
il fait des lazis. Voyez-vous... je sçais faire aussi la Capriole,
Est-elle bien? je sçais répondre aux clis, clis, clis,
Enfin, je suis d'un très-grand prix,
Il n' me manque que la parole.

LA FÉE *se mettant à rire.*

Que répondre ? allons donc, en ces derniers instans,
Qu'on ne parle plus de supplice,
L'esprit & la gaïté valent bien les talens,
A tous ces étrangers il faut rendre justice.
Je vois, dans mes Sujets, leur arrêt prononcé.
C'est mériter assez que de s'être efforcé.
Que la danse & le chant célébrent cette fête,
Et que, de chacun d'eux, la liberté s'apprête,

DIVERTISSEMENT.

On danse.

VALERE *chante,*

Que les riants plaisirs,
Succédent aux soupirs,
O bonheur suprême !
Dans ce séjour j'obtiens ma liberté.
Je vais fuir ce lieu redouté,
Pour comble de félicité,
Je vais fuir avec ce que j'aime.

On danse.

VAUDEVILLE.

I.

Une simple Bergere,
Sans art, sans ornemens,
Dans sa taille légere,
Dans son humeur sincére
Fais voir mille agremens.
Le premier des talens
Est le talent de plaire.

II.

Lise est une étrangere ;
Ses discours sont charmans,
Quoique sa bouche altére
Tant soit peu la Grammaire,
Ses tours sont séduisans,
Le premier des talens
Est le talent de plaire.

III.

Colin tendre & sincere,
M'offre des feux constans,
Comment être sévére ?
Par une ardeur trop chére,
Il enchante mes sens.
Le premier des talens,
Est le talent de plaire.

IV.

Les avis du Parterre,
Sont toûjours excellens,
Indulgent, ou sévere ;
Un goût certain éclaire
Ses divers jugemens.
au Parterre. Le premier des talens,
Est celui de vous plaire.

APPROBATION.

J'Ai lû par l'ordre de Monseigneur le Chancelier, *l'Isle des Talens, Comedie en un Acte, en vers, suite du Nouveau Théatre Italien.* A Paris ce 5. Avril 1743.

DANCHET.

www.ingramcontent.com/pod-product-compliance
Ingram Content Group UK Ltd.
Pitfield, Milton Keynes, MK11 3LW, UK
UKHW020511180726
13839UKWH00005B/2022

9 782019 716486